Lk 12 32

P. J. LEBORGNE,

Ci-devant Commissaire de la Marine aux Isles du Vent de l'Amérique,

A Janvier LITTÉE, homme de Couleur, Député de la Martinique; sur le systéme de diffamation employé par la faction Anglaise contre les patriotes.

J'AI paru hier à la barre de la convention, à la tête d'une députation de citoyens blancs, hommes de couleur et noirs des colonies, pour dévoiler toute la perfidie de nos oppresseurs et des tiens, c'est-à-dire, la coalition des colons Page et Bruley avec l'Angleterre et le féroce Robespierre.

Lorsque la convention, par l'organe de son président, nous a admis aux honneurs de la séance, tu t'es élancé à la tribune; tu as voulu particulièrement parler contre moi, dans l'intention de jetter de la défaveur sur la députation.

A

Les huées de la convention et les marques publiques d'improbation qui t'ont couvert, n'ont pu te laisser exprimer que ces mots : *l'orateur est un intrigant et un...* J'aurais désiré qu'on t'eût laissé achever, parce qu'il est honorable d'être calomnié par toi.

Cette vérité sera mieux sentie, lorsque j'aurai tracé la latitude de ton immoralité et de ton ingratitude envers tous les français. Je ferai connaître par quels motifs, par quelle cause secrette tu te rends, seul, dans le sein de la convention, l'apôtre de la faction anglaise, et le protecteur des colons qui en sont les membres et les agens.

Je vais te dépouiller à nud, afin que tes collégues, en reconnaissant sur ton corps *mulâtre* les coups de fouet dont il a été frappé par la verge des préjugés coloniaux, te payent du mépris que tu inspires en désertant lâchement la cause du peuple, de tes frères, des opprimés.

Quoi Littée ! tu traites d'intrigant un citoyen, né en France, qui vient à la tête d'une députation composée de citoyens de couleur des colonies, témoigner à la convention sa reconnaissance pour le décret immortel qu'elle a rendu en faveur des noirs?

Il faut qu'on apprenne que ta propre mère est encore esclave sur l'habitation périnelle, à la Martinique; que tous tes parens sont dans l'esclavage au Choc à Ste.-Lucie, que toi-même, tu n'es compté au nombre des personnes, que depuis que la convention a jetté un regard bienfaisant sur les hommes de couleur. Il faut qu'on apprenne qu'il n'y a point de crime pareil au tien, quand on te voit défendre la cause des colons qui se sont armés contre les décrets favorables à ta famille et à tes frères ; que ces mêmes colons ne se sont liés à l'Angleterre que pour te maintenir dans l'abjection, pour empêcher l'établissement des principes de liberté et d'égalité, et l'exécution des lois aux colonies, pour y maintenir l'esclavage de concert avec l'Angleterre, source de ses richesses et de son commerce.

As-tu donc oublié, Littée, que les colons n'ont jamais voulu te regarder leur égal, qu'ils ne croyaient, qu'ils ne croyent pas encore que tu étais de la race des hommes! As-tu donc oublié toutes les intrigues, tout l'or qu'ils ont répandu en France pour faire adopter ce système barbare ! As-tu donc oublié que les députés des colonies se retirèrent de l'assemblée constituante, lorsque le décret insignifiant du 15 mai 1791 fut rendu en faveur des hommes de couleur, nés de pères et mères libres ; ils annoncèrent que ce décret ne serait pas reçu par les colons. Tu ne pouvais pas même profiter du bénéfice de cette loi, parce que tu étais né de mère esclave.

As-tu donc oublié les horreurs, les crimes, les forfaits en tous genres, commis sur tes frères par les colons, lorsque le décret parvint aux colonies, lorsqu'ils réclamèrent l'exécution de cette loi émanée de l'autorité suprême?

As-tu donc oublié que les places publiques à St.-Domingue, étaient garnies d'échafauds où coulaient juridiquement, comme en France sous Robespierre, le sang des hommes de couleur, le sang de tes frères? As-tu donc oublié que Page et Bruley et Verneüil et l'Archevêque Thibauld, tes amis, tes protégés, servaient de juges et de bourreaux. As-tu donc oublié qu'ils se sont nourris de la chair de tes frères pendant quatre ans ?

As-tu donc oublié qu'il a existé un complot pour immoler le même jour, à la même heure, (le 14 août 1792) la race entière des hommes de couleur, et que c'est l'homme que tu traites d'intriguant, qui fit échouer cette horrible conjuration ?

As-tu donc oublié que le 25 septembre 1790, lorsque le brave général Dugommier marcha contre les colons pour leur faire respecter l'autorité nationale, 300 patriotes tombèrent entre les mains des féroces colons, qui leur arrachèrent les yeux avant de les faire fusiller?

As-tu donc oublié que les mêmes colons ont marché contre la ville de Saint-Pierre, où tu as pris naissance, la torche et le poignard à la main pour y égorger ces immortels amis de la république, les citoyens de cette commune si célèbre par l'étendue de son commerce, et plus encore par les malheurs que lui a fait éprouver son attachement à la Mère-Patrie et aux décrets de de la convention?

As-tu oublié que les mêmes colons ont fait manger tous vivans par des cochons plusieurs de tes compatriotes, et qu'ils me réservaient le même sort! (*voyez page* 15)

As-tu donc oublié que les mêmes colons ont pris une délibération publique pour se coaliser avec les puissances ennemies contre la république ; qu'ils ont traité directement avec Pitt de la livraison des colonies, pour en éloigner tous les patriotes qui parlaient de liberté, et de fidélité envers la France ; qu'ils ont déporté à la côte d'Afrique ceux de tes frères les plus énergiques?

Le tableau des malheurs que te présente les infortunés patriotes de la Martinique déportés par les Anglais en France, sans secours, sans moyens, privés de leurs femmes et de leurs enfans, n'a-t-il pû émouvoir ton âme? Ils ne sont assassinés que pour toi; que leur importait que tu fusses libre, si la justice, si la politique, si leur soumission aux loix n'eût commandé ce sacrifice? Tu te rends le défenseur de ces colons, de ceux de St.-Domingue? As-tu vu un seul homme déporté de cette colouie, soit par les Anglais, soit par les Espagnols, auxquels ils ont livré successivement plusieurs villes? Les Anglais ne déportent que les patriotes.

Aussi, as-tu vû s'ils ont déporté ton frère *Laurent Litté* et tes autres parens? Il a prêté serment au roi Georges; il est l'interprète du gouvernement Anglais à la Martinique. Il conserve tes propriétés et les siennes par cet infâme moyen. Toi même, pour qu'on n'y touche pas, tu sers l'Angleterre, tu sers les intérêts decolons afin qu'on ne l'accuse pas d'avoir parlé en faveur de la liberté qui menace les colonies Anglaises. Tu es par conséquent dans le cas de la loi du 17 septembreles sur les parens des émigrés et des traîtres. (1)

Est-ce ainsi que tu reconnais les bienfaits inappréciables de la nation Française, lorsque ses représentans ont été désignés pour victimes, marchant à travers tous les dangers, pour t'appeller à la dignité de citoyen fraeçais? Quoi! la nation la plus grande, la plus étonnante et la plus magnanime ne t'aurait accordé un titre aussi glorieux, que pour te donner l'occasion et les moyens de te coaliser avec ses ennemis?

Quoi! tu as le bonheur de siéger au sein de la convention nationale qui règle les destinées du monde, et tu vas embrasser la cause des hommes parricides qui ont conspiré contre elle?

Quoi! tu défends Page, et Bruley et ces deux monstres sont les complices des Dumas, des Fouquier, des Robespierre. C'est chez

____

(1) Ton frère avait été employé par Bouillé, comme espion à la Barbade ; il y a beaucoup gagné ; j'ai voulu l'employer en cette même qualité pour la République; je lui proposai tous les avantages qu'on fait en ces sortes de cas. Il s'y est réfusé ; mais il aurait bien pu être aussi utile à la République qu'il l'est aujourd'hui au gouvernement anglais à la Martinique.

Bouillé, il est vrai, est colon, grand planteur, très-aimé de MM. les nobles colons, avec lesquels il a des correspondances très-suivies. n'en conserves-tu pas avec ton protecteur ?

toi que leurs complices, Verneuil et Fromenteau tiennent leurs conciliabules secrets pour calomnier et égorger les défenseurs du peuple.

Litté, je t'accuse envers tout le peuple français, toi et tes complices Page et Bruley et autres, d'être les auteurs de la perte de nos colonies. Elles seraient encore à la république, il n'existerait pas un Anglais en Amérique, si vous ne vous fussiez réunis pour étouffer avec moi, à mon arrivée de la Martinique à Paris, le 27 brumaire, les renseignemens que j'apportais sur les colonies, et sur les succès que nous venions de remporter. J'étais le seul qui avait pû pénétrer avec une mission sur cet important objet. Nous avions sept mois devant nous, et nous pouvions prévenir les Anglais. Je ne demandais pas des forces, mais seulement le décret en faveur des noirs qui nous avaient courageusement défendu dans la première attaque contre les Anglais ; je demandai une lettre ostensible à la convention sur la situation politique de la république pour déjouer les lettres des colons à Paris, passant aux colonies par la voie de l'Angleterre, qui annonçait la France envahie. Au lieu de m'entendre vous m'avez fait livrer au tribunal révolutionnaire par les calomnies les plus grossières et les plus

absurdes. Page et Bruley disaient que j'étais
le complice de Brissot. Tu soutenais, Littée,
cette assertion sans me connaître. Je ne t'a
vais jamais vû, ni connu, non plus que Brissot. Il y avait deux ans et demi que j'étais
aux colonies, et je ne suis arrivé en France
qu'après la mort de ce conspirateur. C'est
un fait public.

Vous m'avez accolé à l'infortuné Raimond, et c'est à la conciergerie que je l'ai
vu pour la première fois : je n'avais de com-
mun avec lui que ses vertus civiques. Les
dangersque nous avions courus ensemble
pour la cause de la liberté.

Serais-tu à la convention s'il n'eut défendu
ta cause? Il est ton frère, tu es son asasssin.

Vous aviez tellement confondu les choses,
les individus et les idées sur les colonies ,qu'-
au tribunal révolutionnaire on prenait la martinique pour une paroisse deSt:-Domingue.

Vous avez sollicité notre jugement de
votre ami Fouquier, et Robespierre ; le comité de sûreté générale a cédé deux fois à
l'acharnement que vous mettiez pour nous
faire périr. Nous n'avons pas été jugés heu-
reusement, et les scélérats dans leurs libelles
journaliers osent dire que c'est Robespierre
qui s'y est constament refusé, dans la crainte
d'être lui même compromis dans cette af-
faire.

'Oh Litée! que tu es criminel et fourbe ! vous comptez donc en imposer. Robespierre qui guidait le tribunal , ne nous aurait-il pas fait mettre hors des débats, si cela eut été nécessaire à ses intérêts , il pouvait aussi nous faire mettre en liberté. Mais loin de s'y opposer, deux fois notre acte d'accusation a été dressé, et s'il n'a pas eu l'effet que vous en attendiez, c'est que Raimond était dans un état de maladie qui ne lui permétait pas de monter au tribunal. Voilà ce qui nous a sauvé, en même-temps que le projet que vous aviez formé de ne faire qu'un coup de filet et de mettre dans la même charrete, les six députés de St. Domingue, Marece Grégoire et plusieurs autres représentans, Adet aujourd'hui l'agent de la république à Genève, tous les bureaux de la marine et des colonies , les commissaires civils de St.-Domingue , Mirbec , Roume, St. Leger, et Raimond et moi, et tous ceux qui gênaient vos projets parricides. C'est votre ambition sanguinaire qui nous a sauvé , c'est elle qui vous perd. Ce n'est pas le moindre crime que l'on a à vous reprocher d'avoir voulu perdre les défenseurs du peuple à l'effet d'empêcher l'exécution des moyens utiles pour sauver les colonies des mains de l'Angleterre.

Les citoyens qui m'ont donné leur confiance sont ici en France , ne sont-ils pas intéressés à vous demander compte de cette horrible persécution à mon égard Vous êtes la cause et les auteurs de leurs malheurs; vous avez sacrifié des milliers de braves français, vous avez vous mêmes livré nos plus précieuses possessions de l'Amérique pour anéantir le commerce français

Et toi, Litée, au comité de sûreté générale, tu m'as fait un crime de ne pas t'avoir apporté les lettres de ton frère. Si j'en avais aujourd'hui, je serais criminel, puisque ton frère est Anglais. En vain te disais-je qu'il était à quinze lieues de moi, que mon départ était tenu secret parce que ma tête était proscrite par les colons rebelles, chez les Anglais,, et que j'avais été obligé de passer aux États-Unis, sur un bateau qui ne portait que 10 bariques de sucre. (1) Je n'y ai resté que 24 heures, pour profiter de la frégate la Surveillante, qui m'a conduit à l'Orient : tout cela était inutile. Tu as

---

(1) Je devais partir sur un bâtiment de 20 pièces de canons, qui a été pris par les Anglais le jour même de son départ. Il fut conduit à St.-Christophe. Quelques jours après, un bâtiment Danois, partant de cette île fit sa déclaration à la municipalité de la Martinique, qui portoit que ce bâtiment avait été pris à bord duquel était M. Leborgne, et qu'il avait entendu dire publiquement qu'il devait être fusillé, si c'était lui. On doit croire que je devais prendre quelques précautions.

dit que tu avais soif de mon sang, de celui de St. Leger. Voulais-tu changer ton tein livide, qui n'est pas celui de ta couleur, mais celui du crime ?

Tu as appellé chez toi des hommes vertueux pour les corrompre, pour te donner des déclarations contre nous ; tu disais à Auguste Fiot, dites, mon ami, n'ayez aucune crainte je vous protégerai ; il ne nous faut qu'un mot pour faire tomber leurs têtes. Si tu avais pû rougir, la réponse qui te fut faite, vaudrait mieux que notre sang. Sais-tu bien celui que tu demandais ? Le sang qui a coulé pour soutenir les loix de la convention, en ta faveur, en faveur de tes frères,

Je te reporte à la Martinique, demande aux citoyens qui sont à Paris victimes de tes manœuvres, si ce n'est pas moi, qui ai le premier mis à exécution les loix de la convention en faveur des hommes de couleur, aux îles du vent ; si ce n'est pas moi qui les ai placé, comme les blancs, dans les corps militaires et d'administration ; et devant toi, au comité de sûreté générale, tu souffrais, tu ajoutais au délit honorable que me faisaient les colons à St.-Domingue, d'avoir placé des *mulâtres* dans les troupes de ligne à St.-Domingue, et le sang africain coule dans tes veines.

Demande à ces citoyens de la Martinique qu'el est celui qui a vengé, le 11 Mai 1793, le massacre qui a eu lieu le 25 septembre 1790 dans les pleines du Lamentin, quoique les Colons fussent soutenus alors par une colonne angloise, ils te dirout que c'est l'homme que tu traites d'intriguant, et dont tu as soif du sang. Ils te diront s'ils n'ont pas été constament triomphans depuis cette époque. Ils te dirout si je mérite leur confiance ! Ils te diront si c'est pour avoir ménagé ces colons rébelles, que ceux-ci ont proscrit ma tête. Ils savent aussi que la même main anglaise qui me poursuivit aux colonies est celle qui me conduisoit sous tes auspices à l'échafaud en France, et beaucoup d'autres honorables victimes.

Regardes si tes collégues, les dépurés des colonies, considérés avant et depuis la révolution par leurs talens, par leurs vertus, m'ont persécuté. Au contraire, ils se sont rendu mes défenseurs :, mais malgré que l'examen de ma conduite fut renvoyée au comité de marine, par un décret, Fouquier ne me regardait pas moins, à votre instigation, comme sa proie, et depuis encore, un rapport fait par Gouly, député de l'Inde qui est tout à mon avantage, rapport qui fait connaître votre perfidie, d'après lequel j'ai obtenu justice, et c'est pour la seconde fois que l'autorité nationale me sert d'égide contre vos fureurs. (1) Verneuil à la convention nationale osa me dire en présence de témoins, qui en ont fait leur déclaration, que je ne périrais que par sa main. Cet assassin public, cet homme, l'habitué de la guillotine, ce témoin banal est ton digne ami, ton acolyte, il s'est vanté d'avoir mangé plusieurs cervelles de mulâtres.

Littée rentre dans le néant dont tu n'aurais jamais dû sortir; sans talens comme sans vertu, tu n'es qu'un instrument de de trâmes dont tu n'apperçois pas toute la criminalité. Tu n'es qu'un avorton de la révolution; tu n'es pas fait pour représenter la caste fidelle à la France des hommes de couleur, des opprimés. Moi, je ne veux pas ton sang, il est trop impur. Je ne demande qu'un retour sur toi-même, ou je te voue au mépris public.

____

(1) Voyez le décret du 17 fevrier 1791.

A Paris, le 6 vendémiaire, l'an troisième de la République une et indivisible.

Signé **LEBORGNE.**

De l'Imprimerie de PAIN, Passage Honoré

(1) Le camp de Perein où flotait le pavillon blanc, enleva dans la nuit du 5 avril 1793, le poste de la Caze-navire, à la Martinique. Les colons s'y établirent pour être à même de m'arrêter à mon passage, qui eut lieu le jour même. Ils prirent le citoyen Avin pour moi. Je leur échapai pendant qu'ils se félicitaient de leur proie. On a marché le lendemain contre ces rebelles. Nous perdîmes 47 braves républicains.